GINA GREIFENSTEIN

1 KARTOFFEL – 40 SALATE

FOTOGRAFIE: MATHIAS NEUBAUER, AUEN60 PHOTOGRAPHY

INHALT

Öffnen Sie die Klappen dieses Buches.
Dort finden Sie die wichtigsten Infos zum Thema auf einen Blick!

DAS PRINZIP: ALLES IN EINE SCHÜSSEL

DIE PERFEKTE KOMBI

Immer griffbereit:

SO GEHT'S: KARTOFFELSALAT ZUBEREITEN

Immer griffbereit:

SO GEHT'S: MAYONNAISE ZUBEREITEN

GU CLOU

Wussten Sie schon, dass ...?
Entdecken Sie bei einigen ausgewählten Rezepten ganz besondere Tipps mit verblüffendem Insiderwissen. Aha-Momente garantiert!

Mit diesem Symbol sind alle veganen Gerichte gekennzeichnet.

Die Backzeiten können je nach Herd variieren. Unsere Temperaturangaben beziehen sich auf das Backen im Elektroherd mit Ober- und Unterhitze.

Sammeln Ihrer Lieblingsrezepte mit der »GU Kochen Plus«-App (siehe S. 64)

REZEPTKAPITEL

GINA GREIFENSTEIN

Gina Greifenstein lebt und arbeitet in der wunderschönen Südpfalz. Sie ist erfolgreiche Autorin von Back- und Kochbüchern sowie von Kriminalromanen.

Genügt nicht ein Kartoffelsalat-Rezept?
Auf keinen Fall! Die Kartoffel ist aufgrund ihres zurückhaltenden Geschmacks eine fantastische Salatgrundlage, weil sie sich mit so gut wie allem kombinieren lässt. Es wäre wirklich schade, wenn man diese tolle Knolle immer nur mit Speck und Essiggürkchen zusammenbringen würde.

Welche Kombinationen überzeugen sonst noch?
Die Bandbreite ist riesig: Mit Wurst oder Hackbällchen wird der Salat herzhaft-pikant, mit Bacon und Blutwurst deftig-kräftig und mit Meeresfrüchten fein-aromatisch. Aber auch Thunfisch, Matjes oder Räucherlachs passen gut. Gemüse wie Spargel, Tomaten, Kürbis und Kohl, aber auch Maronen oder Pilze bringen Abwechslung und Farbe in die Schüssel. Und sogar mit Früchten wie Kiwi, Birne oder Pfirsich kann man Kartoffeln kombinieren.

Wie kamen Sie auf die Idee, dieses Buch zu schreiben?
Man wird ja immer wieder zum Grillen eingeladen, und was da auf dem Salatbüffet steht, ist eigentlich immer das Gleiche. Das fand ich schon immer langweilig. Mir blieb als leidenschaftlicher Köchin und Kochbuchautorin gar nichts anderes übrig, als etwas dagegen zu unternehmen und mit neuen, einfachen und raffinierten Salatvarianten etwas Abwechslung auf den Tisch zu bringen.

LIEBLINGS-BLITZREZEPT: WARMER BRATKARTOFFELSALAT

750 g Pellkartoffeln schälen und in Scheiben schneiden.

6 EL Öl in einer großen Pfanne erhitzen, Kartoffelscheiben darin anbraten.

125 g gewürfelten Bacon zugeben und alles knusprig-braun braten.

1 große Zwiebel schälen, grob hacken, untermischen und leicht bräunen.

Mit Salz und Pfeffer kräftig würzen. 1 Knoblauchzehe schälen, fein hacken und kurz vor Ende mitbraten. Alles in eine Schüssel geben. 6 EL Essig und 150 ml Wasser zugeben und den Salat mit Salz und Pfeffer abschmecken. 1 Bund Schnittlauch waschen, in feine Röllchen schneiden und untermischen. Noch warm servieren.

MIT FLEISCH, WURST & FISCH

Für 4 Personen • 50 Min. Zubereitung • 1 Std. Marinieren • Pro Portion ca. 500 kcal, 12 g E, 37 g F, 29 g KH

KARTOFFEL-WURST-SALAT

ZUM ABENDESSEN

750 g Pellkartoffeln vom Vortag
300 g Fleischwurst oder Lyoner (gibt es auch fertig geschnitten)
5 Gewürzgurken aus dem Glas
1 große rote Paprika
1 Glas Perlzwiebeln (190 g Abtropfgewicht)
6 EL Öl
2 TL Senf
Knoblauchpulver
Salz
Pfeffer

1 Kartoffeln pellen, längs halbieren und in Scheiben schneiden. Die Wurst häuten und in sehr feine Streifen schneiden. Gewürzgurken in dünne Scheiben schneiden. Die Paprika waschen, vierteln, die Kerne entfernen und das Fruchtfleisch in feine Streifen schneiden. Perlzwiebeln abgießen, dabei den Sud auffangen. Alles (ohne Perlzwiebelsud) in eine große Schüssel geben.

2 Den Perlzwiebelsud in einen Messbecher gießen und mit Gurkensud auf 300 ml ergänzen. Öl und Senf gut unterrühren, alles mit Knoblauchpulver, Salz und Pfeffer würzen und kräftig abschmecken.

3 Die Salatzutaten in der Schüssel mit der Marinade übergießen. Alles locker durchmischen und den Kartoffel-Wurst-Salat vor dem Servieren mindestens 1 Std. durchziehen lassen.

Für 4 Personen • 55 Min. Zubereitung • 1 Std. Marinieren • Pro Portion ca. 550 kcal, 22 g E, 28 g F, 47 g KH

KARTOFFEL-LINSEN-SALAT

DEFTIG

750 g Pellkartoffeln vom Vortag
150 g braune Linsen
700 ml Gemüsebrühe
1 Stange Lauch
1 große Zwiebel
1 Knoblauchzehe
1 EL Öl
125 g Speckwürfel
7 EL Öl
8 EL Aceto balsamico bianco
1 TL Senf
Salz
Pfeffer

1 Kartoffeln pellen, ca. 2 cm groß würfeln und in eine Schüssel geben. Die Linsen in der Gemüsebrühe bissfest kochen, abgießen, dabei den Kochsud auffangen und die Linsen zu den Kartoffeln geben. Lauch putzen, längs halbieren, gründlich waschen und in feine Scheiben schneiden. Die Zwiebel schälen, vierteln und in dünne Streifen schneiden. Knoblauch abziehen und fein hacken.

2 In einer großen Pfanne das Öl erhitzen und die Speckwürfel darin kurz anbraten. Lauch, Zwiebeln und Knoblauch dazugeben und unter Wenden mitbraten, bis der Lauch gar ist. Den Pfanneninhalt in die Schüssel geben.

3 Den Linsenkochsud mit Öl, Essig, Senf, Salz und Pfeffer verrühren. Die Marinade kräftig abschmecken, über den Salat gießen und alles locker durchmischen. Den Kartoffel-Linsen-Salat mindestens 1 Std. durchziehen lassen und am besten lauwarm servieren.

KARTOFFEL-RINDFLEISCH-SALAT

HERRLICH PIKANT

Für 4 Personen • 50 Min. Zubereitung • 1 Std. Marinieren • Pro Portion ca. 1 130 kcal, 33 g E, 99 g F, 27 g KH

750 g Pellkartoffeln vom Vortag
600 g gekochte Rinderbrust
1 große orangefarbene Paprika
3 Frühlingszwiebeln
7 grüne Peperoni aus dem Glas (mild oder scharf)

FÜR DIE MAYONNAISE
250 ml Öl
1 Ei
2 TL Senf
1 Knoblauchzehe
Salz
Pfeffer

AUSSERDEM
150 ml Milch
100 ml Peperoni-Sud

1 Die Kartoffeln pellen und in ca. 1,5 cm große Würfel schneiden (Bild 1). Das Rindfleisch ebenfalls in Würfel schneiden (Bild 2). Paprika waschen, vierteln, die Kerne entfernen und das Fruchtfleisch klein würfeln. Die Frühlingszwiebeln waschen, putzen und in feine Ringe, die Peperoni in dünne Ringe schneiden (Bild 3). Alles in eine große Schüssel geben (Bild 4).

2 Für die Mayonnaise alle Zutaten – sie sollten dieselbe Temperatur haben, damit die Masse nicht gerinnt – in einen hohen Mixbecher geben. Den Pürierstab auf dem Becherboden aufsetzen und auf höchster Stufe langsam von unten nach oben ziehen. Die fertige Mayonnaise mit der Milch und dem Peperonisud glattrühren und kräftig abschmecken (Bild 5).

3 Den Salat mit der Mayonnaise übergießen, locker durchmischen und vor dem Servieren noch mindestens 1 Std. durchziehen lassen (Bild 6).

GU **CLOU**

Wer das Rindfleisch selber kocht, hat gleich noch eine leckere Fleischbrühe dazu! Man braucht dafür: 800 g Rinderbrust, 1,5 l kalte Fleisch oder Gemüsebrühe, 2 große Möhren, 200 g Knollensellerie, 1 kleine Stange Lauch und 1 große Zwiebel. Das Fleisch mit der Brühe in einen Topf geben. Die Möhren und den Sellerie schälen, die Möhren in Stifte schneiden, den Sellerie grob würfeln. Den Lauch längs halbieren, gründlich waschen und in Scheiben schneiden. Zwiebel schälen und vierteln. Alles zum Fleisch geben, aufkochen und 2 bis 3 Std. köcheln lassen, bis es weich ist.

Für 4 Personen • 50 Min. Zubereitung • 1 Std. Marinieren • Pro Portion ca. 985 kcal, 15 g E, 90 g F, 27 g KH

KARTOFFEL-BRATWURST-SALAT

LECKERE RESTEVERWERTUNG

750 g Pellkartoffeln vom Vortag
300 g gegrillte oder gebratene Bratwürste
300 g Radieschen
1 große gelbe Paprika
½ Bund Petersilie
250 ml Öl
1 frisches Ei
2 EL Sahnemeerrettich
Salz
Pfeffer
150 ml Milch
5 EL Essig

1 Kartoffeln pellen, längs halbieren und in Scheiben schneiden. Die Bratwürste schräg in dünne Scheiben schneiden. Von den Radieschen das Grün entfernen. Die Radieschen gründlich waschen, abtropfen lassen und in feine Scheiben schneiden. Paprika waschen, trocken tupfen, vierteln und entkernen. Die Viertel in dünne Streifen schneiden. Petersilie kalt abbrausen, trocken schütteln und grob hacken. Alles in eine große Schüssel geben.

2 Öl, Ei, Meerrettich (alles sollte dieselbe Temperatur haben!), Salz und Pfeffer in einen hohen Mixbecher geben. Den Pürierstab auf dem Becherboden aufsetzen und auf höchster Stufe langsam von unten nach oben ziehen. Die Mayonnaise mit Milch und Essig glattrühren und das Dressing kräftig abschmecken.

3 Den Salat damit übergießen, locker durchmischen und vor dem Servieren mindestens 1 Std. durchziehen lassen.

Für 4 Personen • 1 Std. Zubereitung • 1 Std. Marinieren • Pro Portion ca. 470 kcal, 12 g E, 34 g F, 28 g KH

KARTOFFEL-WEISSWURST-SALAT

WIE AUF DER WIES'N

750 g Pellkartoffeln vom Vortag
1 große rote Paprika
1 große Zwiebel
2 Stangen Staudensellerie
½ Bund Petersilie
5 Weißwürste
7 EL Öl
4 EL Essig
3 TL süßer Senf
Knoblauchpulver
Salz
Pfeffer

1 Die Kartoffeln pellen, längs halbieren und in dünne Scheiben schneiden. Paprika waschen, vierteln, weiße Trennwände und Kerne entfernen und das Fruchtfleisch in dünne Streifen schneiden. Zwiebel schälen, vierteln und in dünne Streifen schneiden. Sellerie waschen, putzen und in feine Scheiben schneiden. Petersilie abbrausen, trocken schütteln und fein hacken. Alles in eine große Schüssel geben. Die Weißwürste häuten und in dünne Scheiben schneiden. In einer Pfanne 2 EL Öl erhitzen und die Wurstscheiben darin von beiden Seiten anbraten, dann zu den Zutaten in die Schüssel geben.

2 Das übrige Öl mit Essig, Senf, Knoblauchpulver, Salz, Pfeffer und 150 ml Wasser in einer Schüssel verquirlen und kräftig abschmecken.

3 Den Kartoffel-Weißwurst-Salat mit der Marinade übergießen, locker durchmischen und vor dem Servieren noch mindestens 1 Std. durchziehen lassen.

Für 4 Personen • 50 Min. Zubereitung • 1 Std. Marinieren • Pro Portion ca. 455 kcal, 12 g E, 30 g F, 31 g KH

KARTOFFEL-BLUTWURST-SALAT

ZUM ABENDESSEN

750 g Pellkartoffeln vom Vortag
300 g Blutwurst oder Zungenwurst (Aufschnitt)
1 große Zwiebel
250 g Kirschtomaten
1 kleine Dose grüne Bohnen (Abtropfgewicht 220 g)
½ Topf Basilikum
200 ml Gurkensud aus dem Glas
3 EL Olivenöl
3 EL Aceto balsamico
3 TL Feigensenf
Salz
Pfeffer

1 Kartoffeln pellen und ca. 1,5 cm groß würfeln. Die Blutwurst bei Bedarf häuten und in schmale Streifen schneiden. Die Zwiebel schälen, vierteln und in feine Streifen schneiden. Kirschtomaten waschen, trocken tupfen und halbieren. Das Basilikum kalt abbrausen, trocken schütteln und die Blätter grob hacken. Alles mit den abgetropften Bohnen in eine große Schüssel geben.

2 Den Gurkensud mit Öl, Essig, Feigensenf, Salz und Pfeffer in einem Schüttelbecher gut vermischen und die Marinade kräftig abschmecken. Den Salat damit übergießen, locker durchmischen und mindestens 1 Std. durchziehen lassen.

TIPP: Feigensenf selber machen. Dafür 3–4 Feigen waschen, schälen, das Fruchtfleisch mit einer Gabel fein zerdrücken und mit 4 EL mittelscharfem Senf und 1 TL flüssigem Honig verrühren. Oder noch einfacher: Senf und Honig mit 3 EL Feigenkonfitüre vermischen.

Für 4 Personen • 45 Min. Zubereitung • 1 Std. Marinieren • Pro Portion ca. 270 kcal, 9 g E, 15 g F, 24 g KH

KARTOFFEL-LÖWENZAHN-SALAT

EIN HINGUCKER

750 g Pellkartoffeln vom Vortag
1 mittelgroße Zwiebel
200 g Blutwurst im Ring
1 Handvoll junge Löwenzahnblätter
400 ml Gemüsebrühe
1 TL Senf
3 EL Essig
Salz
Pfeffer
1 Handvoll Gänseblümchenblüten, nach Belieben

1 Die Kartoffeln pellen und in ca. 1,5 cm große Würfel schneiden. Die Zwiebel schälen und klein hacken. Die Blutwurst bei Bedarf häuten und in schmale Streifen schneiden. Den Löwenzahn verlesen, waschen, gut abtropfen lassen und die Blätter in feine Streifen schneiden. Die vorbereiteten Zutaten in eine große Schüssel geben.

2 Die Gemüsebrühe mit dem Senf und dem Essig in einer Schüssel gut verquirlen. Die Marinade mit Salz und Pfeffer würzen und kräftig abschmecken.

3 Den Salat damit übergießen, locker durchmischen und mindestens 1 Std. durchziehen lassen. Anschließend den Kartoffel-Löwenzahn-Salat nochmals abschmecken und nach Belieben mit Gänseblümchen bestreut servieren.

Für 4 Personen • 40 Min. Zubereitung • 12 Std. Marinieren • Pro Portion ca. 935 kcal, 27 g E, 70 g F, 49 g KH

KARTOFFEL-SCHICHTSALAT

GUT VORZUBEREITEN

250 ml Öl
1 Ei
1 TL Senf
Salz
Pfeffer
800 g Pellkartoffeln vom Vortag
1 Glas geraspelter Selleriesalat (170 g Abtropfgewicht)
1 Dose Mais (280 g Abtropfgewicht)
1 EL Senf
1 Dose Ananasstücke (170 g Abtropfgewicht)
5 Frühlingszwiebeln
300 g gekochter Schinken

1 Öl, Ei, Senf, Salz und Pfeffer in einen hohen Rührbecher geben. Den Pürierstab auf dem Becherboden aufsetzen, auf höchster Stufe langsam von unten nach oben ziehen und die Mayonnaise abschmecken. Kartoffeln pellen, klein würfeln und zur Hälfte in eine große Glasschüssel geben. Selleriesalat abgießen – dabei 100 ml Sud auffangen – und auf die Kartoffeln schichten. Den Mais abbrausen, gut abtropfen lassen und auf dem Sellerie verteilen.

2 Mayonnaise mit Selleriesud und Senf glattrühren. Die Marinade mit Salz und Pfeffer kräftig abschmecken und die geschichteten Zutaten mit der Hälfte übergießen. Die Ananasstücke abtropfen lassen und auf dem Salat verteilen. Frühlingszwiebeln putzen, waschen und in sehr feine Ringe schneiden. Den Schinken klein würfeln. Beides auf die Ananas schichten, mit der restlichen Marinade übergießen und den Salat über Nacht kühl durchziehen lassen. Vor dem Servieren nochmals gut durchmischen und bei Bedarf nachwürzen.

Für 4 Personen • 45 Min. Zubereitung • 1 Std. Marinieren • Pro Portion ca. 570 kcal, 24 g E, 24 g F, 62 g KH

KARTOFFEL-MARONEN-SALAT

PERFEKT FÜR GÄSTE

800 g Pellkartoffeln vom Vortag
400 g geschälte, gekochte Maronen (vakuumverpackt)
1 Stange Lauch
1 große Zwiebel
1 Knoblauchzehe
2 EL Öl
200 g Speckwürfel
400 ml Gemüsebrühe
1 EL Senf
2 EL Öl
3 EL Essig
Salz
Pfeffer

1 Die Kartoffeln pellen, in ca. 1,5 cm große Würfel schneiden und in eine große Schüssel geben. Die Maronen grob hacken. Den Lauch längs halbieren, gründlich waschen und in dünne Ringe schneiden. Die Zwiebel und den Knoblauch schälen und beides fein hacken.

2 In einer Pfanne 2 EL Öl erhitzen und den Speck darin anbraten. Lauch und Zwiebeln dazugeben und kurz mitbraten, bis die Zwiebeln glasig sind. Dann den Knoblauch zufügen, noch kurz mitbraten und alles zu den Kartoffeln geben.

3 Die Gemüsebrühe in einem Topf erhitzen. Senf, Öl und Essig unterrühren und alles mit Salz und Pfeffer kräftig abschmecken. Den Salat mit der Marinade übergießen, locker durchmischen und vor dem Servieren noch ca. 1 Std. durchziehen lassen.

Für 4 Personen • 50 Min. Zubereitung • 1 Std. Marinieren • Pro Portion ca. 1 120 kcal, 34 g E, 76 g F, 53 g KH

SÜSSKARTOFFELSALAT MADRAS

ANGENEHM CURRYWÜRZIG

850 g Süßkartoffeln
150 g Staudensellerie
400 g Hähnchenbrustfilet
1 Knoblauchzehe
1 EL Öl
Salz
Pfeffer

FÜR DIE MAYONNAISE
250 ml Öl
1 frisches Ei
1 TL grüne Curry-Paste (Asia-Abteilung im Supermarkt)
1 TL Madras-Currypulver
Salz
Pfeffer

AUSSERDEM
150 ml Milch
125 g Cashewkerne, geröstet und gesalzen

TIPP: Für eine leichtere Variante die Hälfte der Mayonnaise einfach durch Naturjoghurt ersetzen.

1 Den Backofen auf 180° vorheizen. Ein Backblech mit Backpapier belegen. Die Süßkartoffeln schälen, ca. 1,5 cm groß würfeln, auf dem Blech verteilen und im Ofen ca. 40 Min. backen.

2 Den Staudensellerie waschen, putzen, in dünne Scheiben schneiden und in eine Schüssel geben. Das Hähnchenfleisch kalt abbrausen, trocken tupfen und in ca. 1 cm breite Streifen schneiden. Den Knoblauch schälen und fein hacken.

3 In einem Topf das Öl erhitzen, das Hähnchenfleisch darin ringsum anbraten und bräunen. Den Knoblauch noch kurz mitbraten, alles leicht salzen, pfeffern und zum Sellerie in die Schüssel geben.

4 Für die Mayonnaise alle angegebenen Zutaten (sie sollten dieselbe Temperatur haben!) in einen hohen Becher geben. Den Pürierstab auf dem Boden aufsetzen und auf höchster Stufe langsam nach oben ziehen.

5 Die Mayonnaise mit der Milch glattrühren, pikant abschmecken und über den Salat geben. Alles locker durchmischen und mindestens 1 Std. durchziehen lassen. Kurz vor dem Servieren die Cashewkerne untermischen.

Für 4 Personen • 50 Min. Zubereitung • 1 Std. Marinieren • Pro Portion ca. 685 kcal, 38 g E, 34 g F, 55 g KH

KARTOFFELSALAT MEXIKO

PIKANT – LEICHT ANGEWÄRMT BESONDERS GUT

750 g Pellkartoffeln vom Vortag
1 Dose Kidneybohnen (255 g Abtropfgewicht)
1 Dose Mais (285 g Abtropfgewicht)
4 große Tomaten
2 große Zwiebeln
2 Knoblauchzehen
6 EL Öl
500 g Hackfleisch vom Rind oder gemischt
8 EL Aceto balsamico bianco
Salz
Pfeffer
Chiliflocken

1 Die Kartoffeln pellen, in ca. 1,5 cm große Würfel schneiden und in eine große Schüssel geben. Kidneybohnen und Mais abgießen, kalt abbrausen und abtropfen lassen, dann zu den Kartoffeln geben.

2 Die Tomaten kreuzweise einritzen, in kochendes Wasser tauchen, herausnehmen und häuten. Die Tomaten grob würfeln, dabei die Flüssigkeit auffangen. Die Zwiebeln schälen, vierteln und in dünne Streifen schneiden. Den Knoblauch abziehen und fein hacken.

3 In einem Topf 3 EL Öl erhitzen, das Hackfleisch darin unter Rühren krümelig braten und leicht bräunen. Übriges Öl zugeben, Zwiebeln und Knoblauch zugeben und mitbraten, bis die Zwiebeln glasig sind. Tomatenwürfel und -flüssigkeit untermischen, dann den Topf vom Herd nehmen. Alles mit Essig, Salz, Pfeffer und Chiliflocken kräftig abschmecken, zu den Kartoffeln geben, locker durchmischen und nach Bedarf nachwürzen. Mindestens 1 Std. durchziehen lassen.

Für 4 Personen • 40 Min. Zubereitung • 1 Std. Marinieren • Pro Portion ca. 900 kcal, 21 g E, 68 g F, 48 g KH

KARTOFFELSALAT CALIFORNIA

HERRLICH FRUCHTIG

750 g Pellkartoffeln vom Vortag
250 g gekochter Schinken am Stück
1 Dose Pfirsiche (480 g Abtropfgewicht)
1 rote Zwiebel
250 ml Öl
1 frisches Ei
1 TL Senf
Salz
Pfeffer
1 Knoblauchzehe
150 ml Milch
6 EL Essig
Currypulver

1 Die Kartoffeln pellen, längs halbieren und in dünne Scheiben schneiden. Den Schinken ca. 1 cm groß würfeln. Pfirsiche abgießen, dabei 100 ml Saft für die Marinade auffangen. Die Früchte ca. 1 cm groß würfeln. Zwiebel schälen, vierteln und in feine Streifen schneiden. Alles (außer dem Pfirsichsaft) in eine große Schüssel geben.

2 Öl, Ei, Senf sowie jeweils 1 Msp. Salz und Pfeffer (alles sollte dieselbe Temperatur haben!) in einen hohen Rührbecher geben. Die Knoblauchzehe schälen, grob hacken und zufügen. Den Pürierstab auf dem Becherboden aufsetzen und auf höchster Stufe langsam von unten nach oben ziehen.

3 Die Mayonnaise mit dem Pfirsichsaft, Milch und Essig glattrühren, mit Currypulver, Salz und Pfeffer kräftig würzen und abschmecken. Den Salat mit der Marinade übergießen, locker durchmischen und vor dem Servieren mindestens 1 Std. durchziehen lassen.

Für 4 Personen • 35 Min. Zubereitung • 1 Std. Marinieren • Pro Portion ca. 395 kcal, 14 g E, 22 g F, 39 g KH

WESTERNSALAT COUNTRYSTYLE

HERZHAFT

750 g Pellkartoffeln vom Vortag
1 Dose Baked beans in Tomatensauce (400 g Füllgewicht)
1 gelbe Paprika
1 grüne Paprika
2 Zwiebeln
4 EL Öl
125 g Bacon
6 EL Essig
1 TL Senf
Salz
Pfeffer

1 Die Kartoffeln pellen, in grobe Würfel schneiden und zusammen mit den Baked beans in eine große Schüssel geben. Beide Paprika waschen, vierteln und die Kerne entfernen. Das Fruchtfleisch jeweils in feine Streifen schneiden und in die Schüssel geben. Die Zwiebeln schälen, vierteln und in dünne Streifen schneiden. Den Bacon in schmale Streifen schneiden.

2 In einer Pfanne 1 EL Öl erhitzen und den Bacon darin kross anbraten. Die Zwiebeln zugeben und mitbraten, bis sie leicht gebräunt sind, dann alles zu den Kartoffeln in die Schüssel geben.

3 Den Essig mit 150 ml Wasser, dem restlichen Öl und dem Senf in einen Schüttelbecher geben und alles kräftig durchschütteln. Die Marinade mit Salz und Pfeffer würzen und pikant abschmecken. Den Salat damit übergießen, locker durchmischen und vor dem Servieren noch mindestens 1 Std. durchziehen lassen.

Für 4 Personen • 50 Min. Zubereitung • 1 Std. Marinieren • Pro Portion ca. 1 005 kcal, 17 g E, 92 g F, 28 g KH

KARTOFFEL-WIENERLE-SALAT

NICHT NUR FÜR KINDER

750 g Pellkartoffeln vom Vortag
350 g Wiener Würstchen
1 Salatgurke
4 Frühlingszwiebeln
5 Zweige Dill
250 ml Öl
1 frisches Ei
1 TL Senf
Salz
Pfeffer
250 ml Milch
4 EL Essig

1 Die Kartoffeln pellen, längs halbieren und in Scheiben schneiden. Die Würstchen schräg in dünne Scheiben schneiden. Die Gurke waschen, längs halbieren und in dünne Scheiben schneiden. Frühlingszwiebeln waschen, putzen und in feine Ringe schneiden. Den Dill abbrausen, trocken schütteln und fein hacken. Die vorbereiteten Zutaten in eine große Schüssel geben.

2 Öl, Ei, Senf, Salz und Pfeffer – alle Zutaten sollten dieselbe Temperatur haben, damit die Mayonnaise nicht gerinnt – in einen hohen Rührbecher geben. Den Pürierstab auf dem Becherboden aufsetzen und auf höchster Stufe langsam von unten nach oben ziehen.

3 Die fertige Mayonnaise mit der Milch und dem Essig glattrühren, kräftig abschmecken und über die Salatzutaten verteilen. Alles locker durchmischen und den Salat vor dem Servieren mindestens 1 Std. durchziehen lassen.

Für 4 Personen • 1 Std. 10 Min. Zubereitung • 1 Std. Marinieren • Pro Portion ca. 940 kcal, 21 g E, 84 g F, 26 g KH

KARTOFFELSALAT MIT HACKFLEISCHBÄLLCHEN

ZUM ABENDBROT

750 g Pellkartoffeln vom Vortag
¾ einer kleinen Stange Lauch

FÜR DIE HACKBÄLLCHEN
250 g gemischtes Hackfleisch
¼ einer kleinen Stange Lauch
1 Eiweiß
Paprikapulver
Salz
Pfeffer
2 EL Öl

FÜR DIE MAYONNAISE
1 Knoblauchzehe
250 ml Öl
1 frisches Ei
1 TL Senf
Salz
Pfeffer

AUSSERDEM
200 ml Milch
3 EL Essig

1 Kartoffeln pellen, längs halbieren und in Scheiben schneiden. Den Lauch längs halbieren, gründlich waschen, trocken schütteln und in sehr feine Scheiben schneiden, dann mit den Kartoffeln in eine große Schüssel geben.

2 Für die Hackbällchen das Hackfleisch in eine Schüssel geben. Den Lauch längs halbieren, gründlich waschen, trocken schütteln, klein würfeln und mit dem Eiweiß zum Hackfleisch geben. Die Masse mit Paprikapulver, Salz und Pfeffer kräftig würzen, alles zu einem formbaren Fleischteig verarbeiten und abschmecken. Mit einem Teelöffel kleine Portionen abstechen und zu Kugeln formen (ergibt ca. 40 Stück). In einer Pfanne das Öl erhitzen und die Hackbällchen darin ringsum kross braten und bräunen, anschließend mitsamt dem Bratfett zu den Kartoffeln in die Schüssel geben.

3 Für die Mayonnaise den Knoblauch abziehen, klein würfeln und mit den übrigen Zutaten – sie sollten dieselbe Temperatur haben, damit die Mayonnaise nicht gerinnt – in einen hohen Rührbecher geben. Den Pürierstab auf dem Becherboden aufsetzen und auf höchster Stufe langsam von unten nach oben ziehen.

4 Die fertige Mayonnaise mit der Milch und dem Essig glattrühren, pikant abschmecken und über die vorbereiteten Zutaten verteilen. Alles locker durchmischen und den Salat vor dem Servieren noch mindestens 1 Std. durchziehen lassen.

Für 4 Personen • 1 Std. 10 Min. Zubereitung • 1 Std. Marinieren • Pro Portion ca. 430 kcal, 19 g E, 27 g F, 27 g KH

KARTOFFEL-SPARGEL-SALAT

FÜRS SALATBÜFETT

400 g weißer Spargel
1 EL Öl
Saft von ½ Limette
1 TL Zucker
Salz
700 g Pellkartoffeln vom Vortag
250 g Kirschtomaten
200 g Räucherlachs
½ Topf Basilikum
3 geh. TL Sahnemeerrettich
4 EL Aceto balsamico bianco
5 EL Öl
Pfeffer

1 Den Spargel waschen, schälen und die holzigen Enden entfernen. Die Stangen mit den Schalen in einen Topf geben, 800 ml Wasser, das Öl, den Limettensaft, Zucker und Salz zufügen und den Spargel in 12–15 Min. bissfest kochen. Herausnehmen, den Spargel abtropfen lassen und in ca. 3 cm lange Stücke schneiden. 200 ml Spargelsud für die Marinade abmessen und beiseitestellen.

2 Die Kartoffeln pellen, längs halbieren und in dünne Scheiben schneiden. Kirschtomaten waschen, trocken tupfen und dritteln. Den Räucherlachs in schmale Streifen schneiden. Das Basilikum abbrausen, trocken schütteln, Blätter abzupfen und grob hacken. Alles in eine große Schüssel geben.

3 Spargelsud mit Meerrettich, Essig, Öl, Salz und Pfeffer verrühren. Die Marinade pikant abschmecken und über den Salat gießen. Alles locker durchmischen und mindestens 1 Std. durchziehen lassen.

Für 4 Personen • 35 Min. Zubereitung • 1 Std. Marinieren • Pro Portion ca. 795 kcal, 22 g E, 67 g F, 26 g KH

KARTOFFEL-KRABBEN-SALAT

MEERESFRÜCHTE SATT

750 g Pellkartoffeln vom Vortag
300 g Krabben (z. B. Eismeerkrabben, gekocht und geschält)
3 Frühlingszwiebeln
1 Knoblauchzehe
250 ml Öl
1 frisches Ei
1 geh. EL Tomatenmark
Salz
Pfeffer
200 ml Milch
6 EL Essig

1 Kartoffeln pellen, längs halbieren und in dünne Scheiben schneiden. Die Krabben abgießen und abtropfen lassen. Frühlingszwiebeln putzen, waschen, trocken schütteln und in feine Ringe schneiden. Alles in eine große Schüssel geben.

2 Den Knoblauch schälen und fein würfeln. Öl, Ei, Tomatenmark, Salz und Pfeffer – alle Zutaten sollten dieselbe Temperatur haben, damit die Mayonnaise nicht gerinnt – in einen hohen Rührbecher geben. Den Pürierstab auf dem Becherboden aufsetzen und auf höchster Stufe langsam von unten nach oben ziehen.

3 Die fertige Mayonnaise mit der Milch und dem Essig glattrühren, kräftig abschmecken und über die Zutaten in der Schüssel verteilen. Alles locker durchmischen und den Salat vor dem Servieren noch mindestens 1 Std. durchziehen lassen.

Für 4 Personen • 45 Min. Zubereitung • 1 Std. Marinieren • Pro Portion ca. 770 kcal, 33 g E, 53 g F, 33 g KH

KARTOFFEL-THUNFISCH-SALAT

PAPRIKAWÜRZIG

300 g Sellerie
Salz
750 g Pellkartoffeln vom Vortag
1 große Zwiebel
1 Dose Erbsen (280 g Abtropfgewicht)
2 Dosen Thunfisch (im eigenen Saft, je 195 g Abtropfgewicht)
1 große rote Paprika
250 g Mayonnaise
150 ml Milch
5 EL Essig
Paprikapulver
Pfeffer

1 Den Sellerie schälen, in ca. 2 cm dicke Scheiben schneiden und in Salzwasser bissfest kochen. Herausnehmen, abtropfen und kurz abkühlen lassen, dann den Sellerie ca. 1 cm groß würfeln. Die Kartoffeln pellen und ebenfalls in ca. 1 cm große Würfel schneiden. Zwiebel schälen und fein hacken. Erbsen abgießen und abtropfen lassen. Den Thunfisch abgießen, abtropfen lassen und mit einer Gabel grob zerpflücken. Paprika waschen, vierteln, weiße Trennwände und Kerne entfernen und das Fruchtfleisch klein würfeln. Die vorbereiteten Zutaten in eine große Schüssel geben.

2 Die Mayonnaise mit der Milch und dem Essig glattrühren. Alles kräftig mit Paprikapulver, Salz und Pfeffer würzen, die Marinade abschmecken und über die Zutaten in der Schüssel gießen. Den Salat locker durchmischen und vor dem Servieren mindestens 1 Std. durchziehen lassen.

Für 4 Personen • 45 Min. Zubereitung • 1 Std. Marinieren • Pro Portion ca. 325 kcal, 13 g E, 19 g F, 29 g KH

KARTOFFEL-MATJES-SALAT

SCHMECKT NACH MEER

700 g Pellkartoffeln vom Vortag
1 kleine Dose grüne Bohnen (220 g Abtropfgewicht)
1 große rote Gemüsezwiebel
1 große reife Birne
250 g Matjesfilets, in Öl
7 EL Aceto balsamico bianco
2 TL Senf
2 EL Öl
2 TL Bohnenkraut, frisch gehackt oder getrocknet
Salz
Pfeffer

1 Die Kartoffeln pellen, längs halbieren und in dünne Scheiben schneiden. Bohnen abgießen und abtropfen lassen. Zwiebel schälen, vierteln und in feine Streifen schneiden. Die Birne schälen, längs vierteln und das Kerngehäuse entfernen. Die Viertel klein würfeln. Matjes abtropfen lassen, dabei das Öl für die Marinade auffangen. Die Matjesfilets in mundgerechte Stücke schneiden und mit den übrigen vorbereiteten Zutaten in eine große Schüssel geben.

2 Das aufgefangene Öl der Matjesfilets mit dem Essig, 150 ml Wasser, Senf, Öl und Bohnenkraut gut verquirlen. Die Marinade vorsichtig mit Salz und kräftig mit Pfeffer würzen und abschmecken.

3 Den Salat damit übergießen, locker durchmischen und vor dem Servieren noch mindestens 1 Std. durchziehen lassen.

Für 4 Personen • 50 Min. Zubereitung • 1 Std. Marinieren • Pro Portion ca. 310 kcal, 14 g E, 16 g F, 27 g KH

KARTOFFEL-GARNELEN-SALAT

MEDITERRAN GEWÜRZT – FÜR GÄSTE

750 g Pellkartoffeln vom Vortag
2 große Fleischtomaten
1 große Zwiebel
2 Knoblauchzehen
300 g geschälte Garnelen, küchenfertig
6 EL Öl
Salz
Pfeffer
2 TL Kräuter der Provence
Chiliflocken
4 EL Essig

1 Die Kartoffeln pellen, der Länge nach halbieren und in Scheiben schneiden. Die Tomaten mit einem scharfen Messer an der Unterseite kreuzweise leicht einschneiden, kurz in kochendes Wasser tauchen, häuten und halbieren. Jeweils den Stielansatz entfernen und das Fruchtfleisch grob würfeln. Die Zwiebel schälen, vierteln und in dünne Streifen schneiden. Knoblauch abziehen und in feine Scheiben schneiden. Die Garnelen kalt abbrausen und mit Küchenpapier trocken tupfen.

2 In einer großen Pfanne das Öl erhitzen und die Garnelen darin von beiden Seiten nur kurz anbraten. Zwiebelstreifen zugeben und glasig anschwitzen, dann den Knoblauch untermischen und noch ca. 1 Min. mitbraten. Die Tomatenwürfel untermischen und 1 bis 2 Min. mitgaren.

3 Die Garnelenmischung mit Salz, Pfeffer, Kräutern der Provence und Chiliflocken würzen. Anschließend den Essig und 6 EL Wasser unterrühren und die Kartoffeln untermischen. Den Salat kräftig abschmecken und vor dem Servieren noch mindestens 1 Std. durchziehen lassen.

VEGETARISCH & VEGAN

Für 4 Personen • 40 Min. Zubereitung • 1 Std. Marinieren • Pro Portion ca. 750 kcal, 8 g E, 66 g F, 29 g KH

KARTOFFEL-TOMATEN-SALAT

FÜRS BÜFETT

750 g Pellkartoffeln vom Vortag
400 g Kirschtomaten
1 Zwiebel
60 g Rucola
1 Knoblauchzehe
250 ml Öl
1 frisches Ei
1 TL Senf
1 Msp. Salz
Pfeffer
200 ml Milch
5 EL Essig

1 Die Kartoffeln pellen und in ca. 1,5 cm große Würfel schneiden. Tomaten waschen, trocken tupfen und halbieren. Zwiebel schälen, halbieren und in feine Streifen schneiden. Den Rucola verlesen, waschen, trocken schleudern und grob hacken. Alles in eine große Schüssel geben.

2 Den Knoblauch schälen und grob hacken. Mit dem Öl, dem Ei, Senf, Salz und Pfeffer – alle Zutaten sollten dieselbe Temperatur haben, damit die Mayonnaise nicht gerinnt – in einen hohen Rührbecher geben. Den Pürierstab auf dem Becherboden aufsetzen und auf höchster Stufe langsam von unten nach oben ziehen.

3 Die fertige Mayonnaise mit der Milch und dem Essig glattrühren, kräftig abschmecken und über die Salatzutaten geben. Alles locker durchmischen und den Salat vor dem Servieren mindestens 1 Std. durchziehen lassen.

Für 4 Personen • 45 Min. Zubereitung • 30 Min. Marinieren • Pro Portion ca. 160 kcal, 3 g E, 11 g F, 12 g KH

FELDSALAT MIT KARTOFFEL-VINAIGRETTE

FARBENFROH

200 g reife Fleischtomaten
1 große Zwiebel
1 Knoblauchzehe
Saft von ½ Zitrone
4 EL Öl
2 EL Aceto balsamico bianco
2 TL Zucker
Salz
Pfeffer
Chilipulver
2 mittelgroße Pellkartoffeln vom Vortag
350 g Feldsalat

1 Die Tomaten mit scharfem Messer kreuzweise einschneiden, in kochendes Wasser tauchen, herausnehmen, häuten und halbieren. Stielansatz entfernen, das Fruchtfleisch grob würfeln und in einen Rührbecher geben. Zwiebel und Knoblauch schälen, grob hacken und dazugeben. Zitronensaft, 50 ml Wasser, Öl und Essig zugeben und alles fein pürieren. Die Vinaigrette mit Zucker, Salz, Pfeffer und Chilipulver kräftig würzen und abschmecken.

2 Kartoffeln pellen, fein würfeln, unter die Vinaigrette mischen und alles ca. 30 Min. durchziehen lassen.

3 Inzwischen den Feldsalat putzen, gründlich waschen, trocken schleudern und in eine große Schüssel geben. Den Salat mit der Tomaten-Kartoffel-Vinaigrette übergießen, locker durchmischen und sofort servieren, da er schnell zusammenfällt.

Für 4 Personen • 40 Min. Zubereitung • 1 Std. Marinieren • Pro Portion ca. 875 kcal, 12 g E, 74 g F, 39 g KH

MEDITERRANER KARTOFFELSALAT

MIT DEN AROMEN DES SÜDENS

1 kg Pellkartoffeln vom Vortag
1 Zwiebel
1 rote Paprika
4 EL schwarze Oliven (entsteint)
4 EL grüne Oliven (entsteint)
100 g getrocknete Tomaten, in Öl

FÜR DIE MAYONNAISE
100 ml Olivenöl
150 ml Öl
1 frisches Ei
1 TL Senf
Salz
Pfeffer

AUSSERDEM
150 ml Milch

1 Die Kartoffeln pellen, der Länge nach halbieren und in Scheiben schneiden. Zwiebel schälen, vierteln und in dünne Streifen schneiden. Paprika waschen, vierteln, entkernen und das Fruchtfleisch klein würfeln. Die Oliven in Ringe schneiden. Getrocknete Tomaten gut abtropfen lassen und klein würfeln. Alles in eine große Schüssel geben.

2 Für die Mayonnaise alle Zutaten – sie sollten dieselbe Temperatur haben, damit die Mayonnaise nicht gerinnt – in einen hohen Rührbecher geben. Den Pürierstab auf dem Becherboden aufsetzen und auf höchster Stufe langsam von unten nach oben ziehen.

3 Die fertige Mayonnaise mit der Milch glattrühren und kräftig abschmecken. Über den Salat geben, alles locker durchmischen und den Salat vor dem Servieren mindestens 1 Std. durchziehen lassen.

GU **CLOU**

Mit dieser Mayonnaise wird der Salat vegan: 150 ml Sojamilch, 1 TL Senf, 1 EL Zitronensaft, etwas Salz und Pfeffer in einen hohen Rührbecher geben. Alles mit dem Pürierstab auf höchster Stufe fein pürieren und dabei 120 ml Rapsöl und 80 ml Olivenöl einlaufen lassen.

Für 8 Personen • 30 Min. Zubereitung • 1 Std. Marinieren • Pro Portion ca. 530 kcal, 15 g E, 41 g F, 23 g KH

KARTOFFEL-EIER-SALAT

ZUM ABENDESSEN

800 g Pellkartoffeln vom Vortag
10 hartgekochte Eier
1 Dose Erbsen (280 g Abtropfgewicht)
1 Dose Mais (285 g Abtropfgewicht)
1 Glas Champignons in Scheiben (170 g Abtropfgewicht)
250 ml Öl
1 frisches Ei
1 EL Senf
Salz
Pfeffer
200 ml Milch
8 EL Essig

1 Kartoffeln pellen, längs halbieren, in Scheiben schneiden und in eine große Schüssel geben. Die Eier schälen und in Scheiben schneiden. Erbsen, Mais und Champignons abgießen, alles gut abtropfen lassen und zu den Kartoffeln in die Schüssel geben.

2 Öl, Ei, Senf (alles sollte dieselbe Temperatur haben!), Salz und Pfeffer in einen hohen Rührbecher geben. Den Pürierstab auf dem Becherboden aufsetzen und auf höchster Stufe langsam von unten nach oben ziehen. Die Mayonnaise mit Milch und Essig glattrühren und kräftig abschmecken.

3 Den Salat damit übergießen, locker durchmischen und vor dem Servieren mindestens 1 Std. durchziehen lassen.

Für 4 Personen • 40 Min. Zubereitung • 1 Std. Marinieren • Pro Portion ca. 450 kcal, 14 g E, 30 g F, 28 g KH

GRIECHISCHER KARTOFFELSALAT

GYROSWÜRZIG

750 g Pellkartoffeln vom Vortag
1 rote Paprika
1 große rote Zwiebel
100 g milde Peperoni aus dem Glas
5 EL schwarze Oliven (entsteint)
5 EL grüne Oliven (entsteint)
200 g Feta
150 ml Peperonisud
5 EL Olivenöl
Gyrosgewürz
Knoblauchpulver
Salz
Pfeffer

1 Die Kartoffeln pellen, der Länge nach halbieren und in Scheiben schneiden. Paprika waschen, vierteln, weiße Trennwände und Kerne entfernen und das Fruchtfleisch klein würfeln. Die Zwiebel schälen, vierteln und in dünne Streifen schneiden. Peperoni und die Oliven in Ringe schneiden. Den Feta in ca. 1,5 cm große Würfel schneiden und alles in eine große Schüssel geben.

2 Den Peperonisud in einen Schüttelbecher geben. Olivenöl und 100 ml Wasser zufügen. Alles mit Gyrosgewürz, Knoblauchpulver, Salz und Pfeffer würzen und gut durchschütteln. Anschließend noch einmal kräftig abschmecken.

3 Den Salat mit der Marinade übergießen, locker durchmischen und vor dem Servieren noch mindestens 1 Std. durchziehen lassen.

Für 4 Personen • 40 Min. Zubereitung • 1 Std. Marinieren • Pro Portion ca. 970 kcal, 29 g E, 79 g F, 35 g KH

KARTOFFEL-KÄSE-SALAT MIT KIWI

FRUCHTIG-FRISCH FÜRS BÜFETT

800 g Pellkartoffeln vom Vortag
300 g Gouda am Stück
5 reife Kiwis
4 Frühlingszwiebeln
1 Knoblauchzehe
250 ml Öl
1 frisches Ei
2 EL Tomatenmark
Salz
Pfeffer
150 ml Milch
4 EL Essig

1 Kartoffeln pellen und in ca. 1,5 cm große Würfel schneiden. Den Gouda entrinden und ca. 1 cm groß würfeln. Die Kiwis schälen und ebenfalls in ca. 1 cm große Würfel schneiden. Frühlingszwiebeln putzen, waschen, trocken schütteln und in feine Ringe schneiden. Alles in eine große Schüssel geben.

2 Den Knoblauch abziehen und fein hacken. Mit Öl, Ei, Tomatenmark, Salz und Pfeffer – alle Zutaten sollten dieselbe Temperatur haben, damit die Mayonnaise nicht gerinnt – in einen hohen Rührbecher geben. Den Pürierstab auf dem Becherboden aufsetzen und auf höchster Stufe langsam von unten nach oben ziehen.

3 Die Mayonnaise mit Milch und Essig glattrühren, kräftig abschmecken und über den Salat geben. Alles locker durchmischen und den Kartoffel-Käse-Salat vor dem Servieren noch mindestens 1 Std. durchziehen lassen.

Für 4 Personen • 40 Min. Zubereitung • 1 Std. Marinieren • Pro Portion ca. 885 kcal, 14 g E, 77 g F, 25 g KH

KARTOFFEL-GORGONZOLA-SALAT

KÖSTLICH CREMIG

750 g Pellkartoffeln vom Vortag
1 große rote Paprika
½ Bund Schnittlauch
250 ml Öl
1 frisches Ei
1 TL Senf
Salz
Pfeffer
150 g Gorgonzola
150 ml Milch

1 Die Kartoffeln pellen, der Länge nach halbieren und in dünne Scheiben schneiden. Paprika waschen, vierteln, weiße Trennwände und Kerne entfernen und das Fruchtfleisch in feine Streifen schneiden. Den Schnittlauch kalt abbrausen, trocken schütteln und in feine Röllchen schneiden. Alles in eine große Schüssel geben.

2 Öl, Ei, Senf, Salz und Pfeffer – alle Zutaten sollten dieselbe Temperatur haben, damit die Mayonnaise nicht gerinnt – in einen hohen Rührbecher geben. Den Pürierstab auf dem Becherboden aufsetzen und auf höchster Stufe langsam von unten nach oben ziehen.

3 Den Gorgonzola entrinden, klein würfeln und mit der Milch zur Mayonnaise geben. Die Mayonnaise nochmals gründlich pürieren, kräftig abschmecken und über den Salat verteilen. Alles locker durchmischen und den Salat vor dem Servieren mindestens 1 Std. durchziehen lassen.

Für 4 Personen • 1 Std. Zubereitung • 2 Std. Marinieren • Pro Portion ca. 270 kcal, 5 g E, 13 g F, 32 g KH

KARTOFFEL-FENCHEL-SALAT

FRUCHTIG-LECKER

1 große Fenchelknolle mit Grün
3 Bio-Orangen

FÜR DIE MARINADE
1 Knoblauchzehe
5 EL Öl
4 EL Apfelessig
Salz
Pfeffer

AUSSERDEM
750 g Pellkartoffeln vom Vortag
4 Frühlingszwiebeln
2 Stängel Koriandergrün

1 Den Fenchel putzen, waschen, das Fenchelgrün abtrennen und fein hacken. Die Knolle vierteln, quer in sehr feine Scheiben schneiden und mit dem Fenchelgrün in eine große Schüssel geben.

2 Die Orangen heiß waschen, trocken tupfen und von einer Orange die Schale fein abreiben. Alle Orangen großzügig schälen und mit einem scharfen Messer filetieren. Dabei den austretenden Saft auffangen. Die Häute gut auspressen und den Saft für die Marinade beiseitestellen (es sollten 4 EL sein). Die Orangenfilets mit der abgeriebenen Schale zum Fenchel in die Schüssel geben.

3 Für die Marinade den Knoblauch abziehen und sehr fein hacken. In einem kleinen Topf 100 ml Wasser mit dem Orangensaft (4 EL), Öl, Essig, Salz und Pfeffer aufkochen, beiseitestellen und kräftig abschmecken. Die Marinade über den Fenchel gießen und alles ca. 1 Std. durchziehen lassen.

4 Die Kartoffeln pellen, längs halbieren und in dünne Scheiben schneiden. Frühlingszwiebeln putzen, waschen und in feine Ringe schneiden. Beides zum Fenchel geben, locker durchmischen und den Salat nochmals ca. 1 Std. durchziehen lassen. Vor dem Servieren das Koriandergrün kalt abbrausen, trocken schütteln, fein hacken und den Salat damit bestreuen.

Für 4 Personen • 40 Min. Zubereitung • 1 Std. Marinieren • Pro Portion ca. 425 kcal, 6 g E, 32 g F, 28 g KH

KARTOFFEL-AVOCADO-SALAT

SOMMERLICH FRISCH

750 g Pellkartoffeln vom Vortag
2 Avocados
1 Bund Radieschen
3 Frühlingszwiebeln
3 Stängel Dill
1 Bio-Limette
5 EL Öl
1 TL Senf
1 Knoblauchzehe
2 TL Zucker
Salz
Pfeffer

1 Kartoffeln pellen und ca. 1,5 cm groß würfeln. Die Avocados ringsum bis auf den Kern einschneiden, die Hälften gegeneinander drehen und Kern entfernen. Das Fruchtfleisch mit einem Löffel aus der Schale heben und ca. 1 cm groß würfeln. Radieschen putzen, waschen und in dünne Scheiben schneiden. Frühlingszwiebeln putzen, waschen und in dünne Ringe schneiden. Dill abbrausen, trocken schütteln und fein hacken. Alles in eine große Schüssel geben.

2 Die Limette heiß waschen, trocken tupfen und die Schale fein abreiben. Die Limette halbieren und auspressen. Limettensaft mit 200 ml Wasser, Öl und Senf in einen großen Schüttelbecher geben. Den Knoblauch abziehen, grob hacken und durch die Knoblauchpresse dazu drücken. Zucker, Salz, Pfeffer und Limettenschale zugeben, alles gut durchschütteln und kräftig abschmecken. Den Salat mit der Marinade übergießen, locker durchmischen und mindestens 1 Std. durchziehen lassen.

Für 4 Personen • 35 Min. Zubereitung • 1 Std. Marinieren • Pro Portion ca. 265 kcal, 5 g E, 15 g F, 27 g KH

KARTOFFEL-GURKEN-SALAT

BELIEBTE BEILAGE

750 g Pellkartoffeln vom Vortag
400 g Salatgurke
1 Zwiebel
5 EL Öl
4 EL Essig
1 TL Senf
4 EL Sahne
Salz
Pfeffer
Knoblauchpulver
2 TL Dill (frisch oder getrocknet)

1 Die Kartoffeln pellen, längs halbieren und in dünne Scheiben schneiden. Die Gurke waschen, trocken tupfen und mit der Schale in feine Scheiben hobeln. Zwiebel schälen und fein würfeln. Alles in eine große Schüssel geben.

2 Das Öl mit dem Essig, 150 ml Wasser, Senf und den übrigen Zutaten in einen Schüttelbecher geben, alles gut durchschütteln und kräftig abschmecken.

3 Den Salat mit der Marinade übergießen, locker durchmischen und vor dem Servieren mindestens 1 Std. durchziehen lassen.

Für 4 Personen • 45 Min. Zubereitung • 1 Std. Marinieren • Pro Portion ca. 285 kcal, 10 g E, 13 g F, 28 g KH

KARTOFFEL-ROSENKOHL-SALAT

GUT VORZUBEREITEN

750 g Rosenkohl
700 ml Gemüsebrühe
750 g Pellkartoffeln vom Vortag
1 große Zwiebel
5 EL Öl
4 EL Essig
Salz
Pfeffer

1 Den Rosenkohl putzen, waschen und abtropfen lassen. In einem Topf die Gemüsebrühe aufkochen und den Rosenkohl darin bissfest garen.

2 Die Kartoffeln pellen, in Scheiben schneiden und in eine große Schüssel geben. Die Zwiebel schälen, halbieren, in feine Würfel schneiden und dazugeben. Den Rosenkohl abgießen, dabei den Kochsud auffangen, 400 ml für die Marinade abmessen und beiseitestellen. Den Rosenkohl abtropfen lassen.

3 Den aufgefangenen Kochsud mit Öl, Essig, Salz und Pfeffer verrühren. Die Marinade kräftig abschmecken und über die Kartoffeln gießen.

4 Die Rosenkohlröschen längs halbieren und zu den Kartoffeln in die Schüssel geben. Alle locker vermischen und den Salat vor dem Servieren mindestens 1 Std. durchziehen lassen.

Für 4 Personen • 50 Min. Zubereitung • 1 Std. Marinieren • Pro Portion ca. 470 kcal, 10 g E, 34 g F, 30 g KH

KARTOFFELSALAT MIT WALNÜSSEN

ETWAS BESONDERES

750 g grüner Spargel
25 g Butter
1 TL Zucker
Salz
750 g Pellkartoffeln vom Vortag
1 Zwiebel
1 EL mittelscharfer Senf
5 EL Öl
4 EL Essig
Pfeffer
100 g gehackte Walnüsse

1 Das untere Drittel der Spargelstangen schälen, die holzigen Enden entfernen und den Spargel waschen. In einem großen, weiten Topf ca. 1–1,5 l Wasser zum Kochen bringen, Butter, Zucker und ½ TL Salz zugeben. Spargel einlegen und in 6–8 Min. bissfest kochen, abgießen und den Spargelsud auffangen. 400 ml für die Marinade abmessen und beiseitestellen. Den Spargel abtropfen lassen.

2 Kartoffeln pellen und in dünne Scheiben schneiden. Die Zwiebel schälen und fein würfeln. Den Spargel in ca. 4 cm lange Stücke schneiden, mit den Kartoffeln und Zwiebelwürfeln in eine große Schüssel geben. Senf, Öl und Essig zum Spargelsud geben, alles gut verquirlen, mit Salz und Pfeffer würzen und kräftig abschmecken. Den Salat mit der Marinade übergießen, locker durchmischen und mindestens 1 Std. durchziehen lassen. Inzwischen die Walnüsse in einer kleinen Pfanne ohne Fett leicht rösten, kurz abkühlen lassen, untermischen und den Salat servieren.

Für 4 Personen • 40 Min. Zubereitung • 1 Std. Marinieren • Pro Portion ca. 335 kcal, 6 g E, 13 g F, 37 g KH

KARTOFFELSALAT »CHINATOWN«

SÜSSSCHARF GEWÜRZT

750 g Pellkartoffeln vom Vortag
1 Glas Mungbohnensprossen (ca. 180 g Abtropfgewicht)
1 rote Paprika
1 mittelgroße Stange Lauch
1 Zwiebel
1 Knoblauchzehe
5 EL Öl
400 ml Gemüsebrühe
7 EL »Sweet Chili Sauce« (Asia-Abteilung im Supermarkt)
Chinagewürz
Salz
Pfeffer

1 Die Kartoffeln pellen, längs halbieren und in dünne Scheiben schneiden. Mungbohnensprossen abgießen und mit den Kartoffeln in eine große Schüssel geben. Paprika waschen, vierteln, putzen und in dünne Streifen schneiden. Lauch halbieren, gründlich waschen und in feine Halbringe schneiden. Die Zwiebel schälen, vierteln und in dünne Streifen schneiden. Den Knoblauch abziehen und fein hacken.

2 In einer Pfanne das Öl erhitzen. Paprika, Lauch und Zwiebel darin ca. 8 Minuten unter Rühren anschwitzen. Knoblauch zugeben und ca. 2 Minuten mitbraten. Alles mit der Gemüsebrühe ablöschen, vom Herd nehmen und die Chilisauce unterrühren. Das Gemüse mit Chinagewürz, Salz und Pfeffer würzen und pikant abschmecken.

3 Die Gemüsemischung zu den Kartoffeln in die Schüssel geben, alles locker durchmischen und den Salat vor dem Servieren noch mindestens 1 Std. durchziehen lassen.

Für 4 Personen • 1 Std. Zubereitung • 1 Std. Marinieren • Pro Portion ca. 510 kcal, 7 g E, 38 g F, 31 g KH

KARTOFFEL-ANTIPASTI-SALAT

FÜRS GRILLBÜFETT

150 g kleine Champignons
1 große rote Paprika
150 g Zucchini
150 g Aubergine
8 Schalotten
2 Knoblauchzehen
150 ml Olivenöl
6 EL Aceto balsamico
1 EL getrockneter Oregano
Salz
Pfeffer
750 g Pellkartoffeln vom Vortag

1 Die Champignons mit einem Pinsel reinigen, die Stiele kürzen und die Pilze je nach Größe halbieren oder vierteln. Paprika waschen, vierteln, weiße Trennwände und Kerne entfernen und das Fruchtfleisch in ca. 2 cm große Quadrate schneiden. Zucchini und Aubergine waschen, putzen und trocken tupfen. Die Zucchini längs halbieren, die Aubergine längs vierteln und beides in ca. 3 mm dicke Scheiben schneiden. Schalotten schälen und in feine Ringe schneiden. Die Knoblauchzehen abziehen, längs halbieren und in sehr feine Scheiben schneiden.

2 In einem Topf das Öl erhitzen und die Champignons darin kurz unter Wenden braten, dann mit dem Schaumlöffel herausnehmen, gut abtropfen lassen, kurz auf Küchenpapier entfetten und in eine große Schüssel geben. Paprika, Zucchini und Schalotten nacheinander ebenso im heißen Öl anbraten, herausnehmen und auf Küchenpapier abtropfen lassen. Zuletzt die Aubergine ins heiße Öl geben und ringsum anbraten, dabei in der letzten Minute den Knoblauch dazugeben und mitbraten.

3 Den Topfinhalt und das abgetropfte Gemüse zu den Champignons in die Schüssel geben. Essig und Oregano zugeben und untermischen. Dann alles mit Salz und Pfeffer würzen und kräftig abschmecken.

4 Die Kartoffeln pellen, längs halbieren, in ca. 5 mm dicke Scheiben schneiden und locker unter das Gemüse mischen. Den Salat noch mindestens 1 Std. durchziehen lassen.

Für 4 Personen • 50 Min. Zubereitung • 1 Std. Marinieren • Pro Portion ca. 295 kcal, 7 g E, 13 g F, 38 g KH

KARTOFFEL-WIRSING-SALAT

DER HERBST IN DER SCHÜSSEL

750 g Pellkartoffeln vom Vortag
350 g Wirsingblätter
400 g Hokkaido-Kürbis
1 große Zwiebel
5 EL Öl
400 ml Gemüsebrühe
4 EL Essig
Salz
Pfeffer
Currypulver

1 Die Kartoffeln pellen, längs halbieren, in ca. 3 mm dicke Scheiben schneiden und in eine große Schüssel geben.

2 Die Wirsingblätter vom Strunk befreien, waschen, gut trocken schütteln und in ca. 3 cm große Quadrate schneiden. Den Kürbis halbieren, entkernen und in Spalten schneiden. Davon 300 g abwiegen und quer in ca. 3 mm dicke Scheiben schneiden. Die Zwiebel schälen und grob hacken. In einem großen Topf das Öl erhitzen und darin Wirsing, Kürbis und Zwiebel unter Rühren kurz anbraten. Dann mit der Gemüsebrühe ablöschen und alles bissfest köcheln.

3 Das Gemüse mit Essig, Salz, Pfeffer und Currypulver würzen und pikant abschmecken. Alles zu den Kartoffeln geben, locker durchmischen und den Salat vor dem Servieren noch mindestens 1 Std. durchziehen lassen.

Für 4 Personen • 45 Min. Zubereitung • 1 Std. Marinieren • Pro Portion ca. 320 kcal, 7 g E, 11 g F, 49 g KH

KARTOFFEL-ROTE-BETE-SALAT

WINTERSALAT FÜRS BÜFETT

750 g Pellkartoffeln vom Vortag
1 Glas Rote Bete (670 g)
2 Chicorée
1 Bund Frühlingszwiebeln
6 EL Aceto balsamico bianco
4 EL Öl
2 TL flüssiger Honig
Salz
Pfeffer

1 Die Kartoffeln schälen und in ca. 2 cm große Würfel schneiden. Rote Bete abgießen, dabei den Sud für die Marinade auffangen. Die Roten Bete abtropfen lassen. Vom Chicorée die äußeren Blätter entfernen. Die Stauden halbieren, den Strunk herausschneiden und den Chicorée in schmale Streifen schneiden. Die Frühlingszwiebeln putzen, waschen, trocken schütteln, in feine Ringe schneiden und mit den übrigen vorbereiteten Zutaten in eine große Schüssel geben.

2 Ca. 240 ml Rote-Bete-Sud abmessen und mit dem Essig, Öl und Honig gut verquirlen. Die Marinade mit Salz und Pfeffer würzen und pikant abschmecken.

3 Die Zutaten in der Schüssel damit übergießen, alles locker durchmischen und den Salat vor dem Servieren noch mindestens 1 Std. durchziehen lassen.

Für 4 Personen • 50 Min. Zubereitung • 1 Std. Marinieren • Pro Portion ca. 374 kcal, 7 g E, 26 g F, 27 g KH

KARTOFFEL-CHAMPIGNON-SALAT

PESTOWÜRZIG

800 g Pellkartoffeln vom Vortag
400 g Champignons (z. B. Steinchampignons)
1 kleine Stange Lauch
1 große Zwiebel
1 Knoblauchzehe
8 EL Öl
3 EL grünes Pesto
6 EL Essig
Salz
Pfeffer

1 Die Kartoffeln pellen, der Länge nach halbieren, in 5 mm dicke Scheiben schneiden und in eine große Schüssel geben. Die Champignons mit der Pilzbürste reinigen und in Scheiben schneiden. Den Lauch längs halbieren, gründlich waschen, trocken schütteln und in Halbringe schneiden. Die Zwiebel schälen, vierteln und in feine Streifen schneiden. Knoblauch abziehen und durch die Knoblauchpresse drücken.

2 In einer großen Pfanne das Öl erhitzen. Champignons, Lauch, Zwiebel und Knoblauch zugeben und alles hell anschwitzen. Vom Herd nehmen, Pesto, Essig und 125 ml Wasser untermischen. Alles mit Salz und Pfeffer pikant würzen, abschmecken, zu den Kartoffeln geben und locker vermischen. Den Salat mindestens 1 Std. durchziehen lassen.

GU **CLOU**

Grünes Pesto lässt sich mit Feldsalat leicht selber machen: Dafür 125 ml Olivenöl in einen hohen Rührbecher geben. 150 g geputzten, gründlich gewaschenen und gut abgetropften Feldsalat sowie 1 geschälte, grob gehackte Knoblauchzehe dazugeben. Alles mit dem Pürierstab fein mixen, mit Salz und Pfeffer abschmecken – fertig!

Für 4 Personen • 50 Min. Zubereitung • 1 Std. Marinieren • Pro Portion ca. 360 kcal, 4 g E, 19 g F, 43 g KH

SÜSSKARTOFFELSALAT

ZUM ABENDESSEN

750 g Süßkartoffeln
400 g Zwiebeln
2 Knoblauchzehen
7 EL Öl
4 EL Aceto balsamico bianco
Salz
Pfeffer
½ Bund frische Kräuter (Schnittlauch, Petersilie oder Basilikum)

1 Den Backofen auf 180° vorheizen. Ein Backblech mit Backpapier auslegen. Die Süßkartoffeln schälen, ca. 1,5 cm groß würfeln, auf dem Blech verteilen und im Ofen ca. 40 Min. backen. Herausnehmen und in eine große Schüssel geben.

2 Inzwischen die Zwiebeln schälen, vierteln und in dünne Streifen schneiden. Knoblauch abziehen und in feine Scheiben schneiden. In einem Topf das Öl erhitzen und die Zwiebeln darin bei mittlerer Hitze unter gelegentlichem Rühren hellbraun braten. Knoblauch zugeben und noch kurz mitbraten. Den Topf vom Herd nehmen, Essig und 150 ml Wasser angießen. Alles kräftig salzen, pfeffern und abschmecken. Die Mischung zu den Süßkartoffeln geben und den Salat mindestens 1 Std. durchziehen lassen.

3 Die Kräuter kalt abbrausen, gut trocken schütteln und fein hacken. Kurz vor dem Servieren unter den Salat mischen.

Für 4 Personen • 1 Std. Zubereitung • 1 Std. Marinieren • Pro Portion ca. 260 kcal, 8 g E, 14 g F, 25 g KH

KARTOFFEL-PILZ-SALAT

GUT IM SOMMER UND HERBST

750 g Pellkartoffeln vom Vortag
800 g Pfifferlinge
1 große Zwiebel
1 Knoblauchzehe
5 EL Öl
300 ml Gemüsebrühe
5 EL Essig
Salz
Pfeffer
1 Bund Petersilie

1 Kartoffeln pellen und je nach Größe längs halbieren oder vierteln, in dünne Scheiben schneiden und in eine große Schüssel geben.

2 Die Pfifferlinge putzen und je nach Größe ganz lassen oder in Stücke schneiden. Die Zwiebel schälen, vierteln und in feine Streifen schneiden. Knoblauch abziehen und fein hacken. In einer großen Pfanne das Öl erhitzen und die Pilze und Zwiebeln darin ca. 5 Min. anbraten. Knoblauch zugeben und kurz mitbraten. Alles mit der Gemüsebrühe ablöschen und 5 Min. köcheln lassen.

3 Vom Herd nehmen, die Pilze mit Essig, Salz und Pfeffer kräftig würzen, abschmecken und zu den Kartoffeln geben. Alles locker durchmischen und mindestens 1 Std. durchziehen lassen.

4 Kurz vor dem Servieren die Petersilie mit kaltem Wasser abbrausen, gut trocken schütteln, fein hacken und unter den Salat mischen.

Für 4 Personen • 50 Min. Zubereitung • 1 Std. Marinieren • Pro Portion ca. 385 kcal, 4 g E, 21 g F, 44 g KH

SÜSSKARTOFFEL-ROTKOHL-SALAT

FÜRS WINTERLICHE BÜFETT

750 g Süßkartoffeln
400 g Rotkohl
1 Zwiebel
8 EL Öl
1 TL Zucker
8 EL Apfelessig
1 mittelgroßer Apfel
Salz
Pfeffer

1 Den Backofen auf 180° vorheizen. Ein Backblech mit Backpapier auslegen. Die Süßkartoffeln schälen, waschen, in ca. 1,5 cm große Würfel schneiden und auf dem vorbereiteten Backblech verteilen. Die Süßkartoffeln im Ofen in ca. 40 Min. bissfest backen, anschließend herausnehmen und in eine große Schüssel geben.

2 Den Rotkohl vierteln, putzen und von der Spitze her in feine Streifen schneiden. Die Zwiebel schälen, halbieren und in feine Halbringe schneiden. In einem Topf das Öl erhitzen und den Kohl und die Zwiebel darin in ca. 5 Minuten hell anschwitzen. Den Zucker dazugeben und alles kurz karamellisieren. Mit dem Essig und 250 ml Wasser ablöschen und den Kohl zugedeckt noch ca. 10 Min. garen, bis er bissfest ist, dann zu den Süßkartoffeln geben.

3 Den Apfel schälen, vierteln, grob raspeln und zum Salat in die Schüssel geben. Alles locker durchmischen, mit Salz und Pfeffer würzen und abschmecken. Den Salat vor dem Servieren noch mindestens 1 Std. durchziehen lassen.

REGISTER

Vegane Rezepte, die im Buch mit einem 🌿 gekennzeichnet sind, sind hier grün abgesetzt.

M

P

R/S/T

W

Abkürzungsverzeichnis:
E = Eiweiß
EL = Esslöffel (gestrichen)
F = Fett
kcal = Kilokalorien
KH = Kohlenhydrate
Msp. = Messerspitze
Pck. = Päckchen
TK = Tiefkühl
TL = Teelöffel (gestrichen)
Ø = Durchmesser

G|U QUALITÄTS GARANTIE

LIEBE LESERINNEN UND LESER,

wir wollen Ihnen mit diesem Buch Informationen und Anregungen geben, um Ihnen das Leben zu erleichtern oder Sie zu inspirieren, Neues auszuprobieren. Wir achten bei der Erstellung unserer Bücher auf Aktualität und stellen höchste Ansprüche an Inhalt und Gestaltung. Alle Anleitungen und Rezepte werden von unseren Autoren, jeweils Experten auf ihren Gebieten, gewissenhaft erstellt und von unseren Redakteur*innen mit größter Sorgfalt ausgewählt und geprüft.

Haben wir Ihre Erwartungen erfüllt? Sind Sie mit diesem Buch und seinen Inhalten zufrieden? Wir freuen uns auf Ihre Rückmeldung. Und wir freuen uns, wenn Sie diesen Titel weiterempfehlen, in Ihrem Freundeskreis oder bei Ihrem Online-Kauf.

Sollten wir Ihre Erwartungen so gar nicht erfüllt haben, tauschen wir Ihnen Ihr Buch jederzeit gegen ein gleichwertiges zum gleichen oder ähnlichen Thema um.

KONTAKT ZUM LESERSERVICE

GRÄFE UND UNZER VERLAG
Grillparzerstraße 12
81675 München
www.gu.de

IMPRESSUM

GU ist eine eingetragene Marke der GRÄFE UND UNZER VERLAG GmbH, www.gu.de

ISBN 978-3-8338-8290-6
4. Auflage 2022

Projektleitung: Dr. Maria Haumaier
Lektorat: Katrin Wittmann
Korrektorat: Anne-Sophie Zähringer
Gesamtgestaltung: independent Medien-Design, München
Umschlaggestaltung: ki36 Editorial Design, Sabine Krohberger, München
Herstellung: Gloria Schlayer
Satz: Eberl & Koesel Studio GmbH
Reproduktion: medienprinzen GmbH
Druck und Bindung: Firmengruppe APPL, aprinta druck, Wemding
Printed in Germany

GRÄFE UND UNZER
Ein Unternehmen der GANSKE VERLAGSGRUPPE

DIE AUTORIN

Gina Greifenstein ist staatlich geprüfte Hauswirtschafterin. Sie lebt in der Südpfalz, wo sie als freie Autorin erfolgreich Back- und Kochbücher sowie Kriminalromane schreibt. Dies ist ihr neuntes Kochbuch bei GRÄFE UND UNZER. Mehr unter www.gina-greifenstein.de

DER FOTOGRAF

Mathias Neubauer, Foodfotograf und Grafikdesigner, hat in seinem Studio in Seligenstadt die Vielfalt der Kartoffelsalate zusammen mit Andreas Neubauer (Foodstyling) wunderbar in Szene gesetzt.

Bildnachweis:
Mathias Neubauer: S: 06-59, Steps Klappen
AUEN60 Photography (Julia Schärdel & Ines Häberlein): S. 01, 05, Stillleben Klappen
Kathrin Koschitzki: Cover
Bernhard Eiberger: S. 04 Autorenfoto

Umwelthinweis:
Nachhaltigkeit ist uns sehr wichtig. Der Rohstoff Papier ist in der Buchproduktion hierfür von entscheidender Bedeutung. Daher ist dieses Buch auf PEFC-zertifiziertem Papier gedruckt. PEFC garantiert, dass ökologische, soziale und ökonomische Aspekte in der Verarbeitungskette unabhängig überwacht werden und lückenlos nachvollziehbar sind.

Syndication: www.seasons.agency

Die GU-Homepage finden Sie unter www.gu.de

APPETIT AUF MEHR?

ISBN 978-3-8338-7997-5

ISBN 978-3-8338-7139-9

ISBN 978-3-8338-6617-3

ISBN 978-3-8338-7914-2

ISBN 978-3-8338-7946-3

ISBN 978-3-8338-7571-7

Alle hier vorgestellten Bücher sind auch als eBook erhältlich.

GU

Mehr von GU auf **www.gu.de** und **facebook.com/gu.verlag**

DIE »GU KOCHEN PLUS«-APP

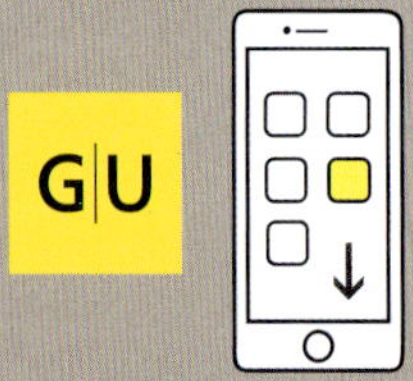

1 APP HERUNTERLADEN

Laden Sie die kostenlose »GU Kochen Plus«-App im Apple App Store oder im Google Play Store auf Ihr Smartphone. Starten Sie die App und wählen Sie Ihren Küchenratgeber aus.

2 REZEPTBILD SCANNEN

Scannen Sie das gewünschte Rezeptbild mit der Kamera Ihres Smartphones. Klicken Sie im Display die Funktion Ihrer Wahl.

3 FUNKTIONEN NUTZEN

Sammeln Sie Ihre Lieblingsrezepte. Speichern und verschicken Sie Ihre Einkaufslisten. Oder nutzen Sie den praktischen Supermarkt-Finder und den Rezept-Planer.